AF582293

ILE DE LA RÉUNION

UN MOT

SUR

UNE BROCHURE

PUBLIÉE RÉCEMMENT A SAINT-DENIS

A PROPOS DE LA 1re ANNÉE DE L'EPISCOPAT

DE Mgr SOULÉ

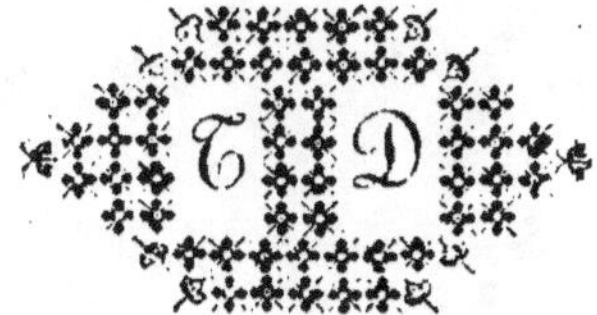

SAINT-DENIS

TYPOGRAPHIE TH. DROUHET FILS

7, Rue de la Compagnie, 7

1879

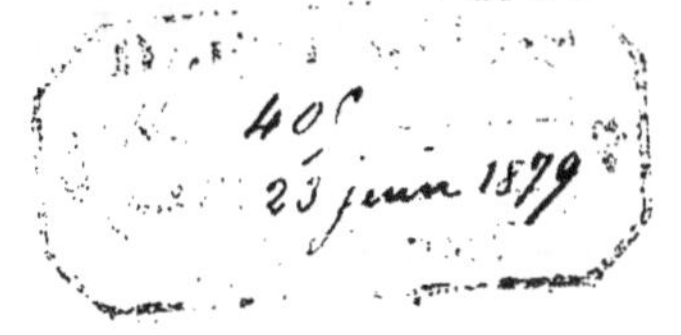

UN MOT

SUR

UNE BROCHURE

PUBLIÉE RÉCEMMENT A SAINT-DENIS

A PROPOS DE LA 1re ANNÉE DE L'EPISCOPAT

DE Mgr SOULÉ

PAR

HECTOR DU PONT

Saint-Denis, le 15 Juin 1879.

Un bruit fâcheux se répand depuis quelques jours à Saint-Denis. On parle de la publication d'un opuscule, d'un pamphlet et disons carrément le mot, d'un libelle diffamatoire publié contre le vénérable chef de notre diocèse. Cela s'intitule : Histoire de la 1re année de l'épiscopat de Monseigneur Soulé, évêque de Saint-Denis, par Le Franc. Et au bas de la page, le nom de l'imprimeur : Paul Masson, place du Martroi, Orléans.

Quel est ce Monsieur Le Franc ? Tout le monde l'ignore ; l'auteur s'est caché sous un pseudonyme. Singulière franchise que celle qui consiste à se couvrir d'un masque pour frapper dans l'ombre un personnage qu'on n'a pas le courage d'attaquer en face !

Mais s'il faut en croire la rumeur publique, il paraît que tout est mensonge dans cette œuvre malsaine. Tout, jusqu'au nom de l'imprimeur même. Y a-t-il, en effet, un imprimeur du nom de Masson à Orléans ? Beaucoup de personnes en doutent. C'est ce qu'on pourra vérifier.

Ensuite, si cet imprimeur existe réellement dans la nature, est-ce bien lui qui a publié la brochure dont nous nous occupons ? C'est encore plus problématique. Les gens du métier remarquent, en effet, que l'impression laisse beaucoup à désirer ; les caractères employés ressemblent fort, dit-on, à ceux d'une imprimerie de la Colonie. Ce serait grave si on pouvait établir la vérité de ces assertions qui ne sont sans doute que des *racontars*.

Grave pour qui ? Dans un délit de cette nature, la responsabilité incombe à trois personnes différentes : l'imprimeur, l'auteur et le propagateur de l'écrit.

L'imprimeur pourrait bien être découvert : s'il n'est pas à Orléans, il ne sera peut-être pas impossible de le trouver ailleurs. Quant à l'auteur, il serait peut-être plus difficile de le prendre. On dit que c'est un ecclésiastique. C'est triste. Nous ne voulons pas le connaître. Il a bien fait de se cacher. C'est tout naturel, puisqu'il se livrait à un acte inavouable.

Pour le propagateur de cet écrit, c'est tout autre chose : il a eu l'insigne imprudence, la maladresse grande de se faire connaître. Nous ne voulons pas le nommer ; mais tout le monde peut savoir comment il s'appelle en allant demander au directeur de l'imprimerie du *Nouveau Salazien* quel est celui qui a commandé l'annonce que nous avons vue dans ce journal relativement à la brochure en question.

On lit, en effet, dans le n° du *Nouveau Salazien* qui a paru à la date du 6 juin 1879 la réclame suivante : « Vient de paraître, Histoire de « la 1re année de l'épiscopat de Monseigneur « Soulé, par Le Franc. Prix 2 francs. Chez Vally, « libraire et à la Librairie nouvelle. »

Le titre est anodin, il n'annonce point un libelle diffamatoire. C'est une œuvre historique qui est annoncée. Le *Nouveau Salazien* a pu et a dû accepter l'annonce de bonne foi, quand un domestique est venu en réclamer l'insertion avec un billet signé d'un ecclésiastique connu.

Mais il n'en est pas de même des libraires désignés comme dépositaires de la brochure. Ceux-ci ont dû nécessairement la voir et la lire ; et ils ont refusé catégoriquement de la mettre en vente. Cela se comprend parfaitement.

Le propagateur de la brochure a dû se trouver quelque peu déconcerté de ce refus des libraires ; mais il en a pris facilement son parti et il s'est décidé à la répandre par la voie de la poste, en l'adressant sous bande aux personnes qu'il croyait devoir favoriser de cette faveur. La plupart des prêtres de la Colonie ont reçu cette fameuse production littéraire. On dit même que Monseigneur Soulé n'a pas été oublié dans cette gacieuse distribution.

Donc celui qui s'est chargé de publier cette œuvre n'a reculé devant rien. Il en a accepté complètement la responsabilité et la complicité. Nous répétons que c'est triste et tous ceux qui liront l'analyse que nous nous proposons d'en faire, ne manqueront certainement pas de partager notre opinion.

On nous demandera peut-être pourquoi nous prenons ici la plume? Pourquoi cette analyse? Pourquoi ne pas laisser tout simplement tomber dans l'oubli et le mépris une œuvre qui ne peut inspirer que le dégoût?

Cette observation peut avoir sa justesse, et nous nous serions certainement abstenu de toute critique, si l'ouvrage était venu de la part d'un laïque; mais il paraît que nous avons malheureusement à répondre à un insulteur revêtu d'un caractère sacré. La conscience publique a besoin d'être rassurée. Les faibles et les âmes pieuses réclament une satisfaction.

Nous n'avons pas la prétention de prêter à Monseigneur Soulé le secours de notre plume pour exposer en sa faveur une défense dont sa Grandeur n'a pas besoin. Un évêque, un prince de l'Eglise, entouré des sympathies de tout son diocèse, est placé dans une sphère de respect où ne peuvent atteindre des attaques d'une certaine nature; mais il est bon néanmoins que ceux qui oublient ce respect soient sévèrement rappelés au sentiment des convenances. C'est ce que nous allons tâcher de faire, quoiqu'indigne.

Nous dirons en commençant à l'auteur présumé du libelle que nous déplorons : Mais vous avez donc oublié, Monsieur, que la sainte loi à laquelle vous avez fait vœu d'obéir, vous défend le scandale: *væ homini per quem scandalum venit!* Vous avez encore oublié cette autre maxime plus vulgaire et plus mondaine, qu'il faut toujours laver son linge sale en famille, en supposant que vous ayez du linge sale à laver.

L'évêque est pour les catholiques le père des fidèles de son diocèse, et surtout le père des prêtres qui l'aident à accomplir sa mission supérieure. Eh bien ! en supposant par impossible, en admettant, hypothèse inadmissible dans l'espèce, que l'évêque se soit rendu coupable de certains torts, est-ce qu'il appartient à un de ses prêtres de venir les lui reprocher par la voie de la presse ? Et n'est-ce pas le cas de s'écrier avec un auteur profane :

Un fils ne s'arme pas contre un coupable père,
Il détourne les yeux, le plaint et le révère.

Que dire, lorsque le père est en conscience au-dessus de toute atteinte, et que le fils au contraire est loin d'être sans reproche !

Après les observations préliminaires que nous venons de faire, passons à l'analyse de l'œuvre de M. Le Franc que nous suivrons pas à pas, paragraphe par paragraphe.

Commençons par l'avant-propos. Il y a un avant-propos. L'auteur nous apprend que « les grands dignitaires, dans l'ordre civil, militaire ou religieux, (il était parfaitement inutile de parler ici de l'ordre civil ou militaire) ont ce privilège que leurs actions *rentrent* (nous aurions mieux aimé *tombent)* aussitôt qu'elles sont *passées* (nous aurions mieux aimé *accomplies)* dans le domaine *public* de l'histoire (public est de trop.) »

Et l'auteur ajoute : « Terrible privilège, quand ces actions n'ont pas été marquées au coin de la justice et de la droiture. »

Là-dessus M. Le Franc s'en va-t'en guerre et il nous annonce qu'il va faire l'histoire de la première année de l'Episcopat de Monseigneur Soulé, évêque de Saint-Denis, qui, d'après son insinuation, a commis des actions contre la justice et la droiture. Comme on le voit, M. Le Franc qui maltraite son évêque, maltraite encore plus sa langue maternelle. Nous allons voir dans le courant de la di.cussion de quelle singulière façon il prouve que l'évêque a manqué de justice et de droiture. Occupons-nous un moment, pour ne plus y revenir, de la grammaire et de la langue françaises.

Il faut reconnaître une fois pour toutes que, malgré ses prétentions à l'esprit et à la verve caustique, l'auteur a produit une œuvre qui n'a aucune espèce de valeur au point de vue littéraire. Cela n'est pas écrit en français, d'une part, puis c'est lourd et manque son effet en voulant paraître spirituel et mordant.

Quelques citations vont faire ressortir d'une manière évidente la vérité de ce que nous venons de dire :

Nous lisons à la fin du 1er chapitre, page 4, la phrase que voici :

« Historien, nous avons le devoir de relater cette réputation de célébrité (??) faite à Monseigneur Soulé ; mais historien *critique (???)* nous avons l'obligation, avant de nous prononcer sur son *bien fondé*, d'attendre sa *confrontation* avec les œuvres. »

Evidemment on voit dans cette phrase, après une lecture attentive et plusieurs fois répétée, ce que l'auteur a peut-être eu l'intention de dire ; mais, franchement, il faut être de bien bonne volonté pour admettre qu'il s'est exprimé en français. Laissons ce détail auquel nous attachons du reste une importance tout-à-fait secondaire.

Suivons maître Le Franc dans une de ses escapades charivariques. Nous lisons ce qui suit au chapitre 10, page 18 :

« Nous avons parlé de Mafatte et nous croyons que cette localité est destinée à illustrer l'épiscopat de Mgr Soulé et le règne autocrate du Maire de Saint-Paul. Il est bien permis à M. le Maire de fabriquer des cuirs, c'est la profession de ses ancêtres ; mais il faudrait les faire meilleurs, etc. »

Et un peu plus loin : « Il (le Maire) fut secondé dans ses démarches par le grand tambour-major de l'aristocratie de l'argent. »

Voilà comment maître Le Franc s'essaye dans le genre caustique et mordant, et voilà comment il imite de Marot l'élégant badinage.

Que signifient ces cuirs reprochés au maire de Saint-Paul ? Quel rapport cette dite fabrication de cuirs peut-elle avoir avec ce qui précède et ce qui suit, dans le passage que nous avons cité ? Où sont les mauvais cuirs faits par M. Milhet et pourquoi maître Le Franc demande-t-il qu'il en fasse de meilleurs ? Tout cela est puéril et grotesque, comme l'idée singulière d'appeler le grand tambour major de l'aristocratie de l'argent un vieillard honorable dont le seul crime vis-à-vis de maître Le Franc a été sans doute d'appuyer auprès de l'autorité supérieure des démarches qui n'avaient d'autre but que celui de faire cesser ou de réprimer un douloureux scandale.

Il n'est pas hors de propos de faire remarquer ici que ces prétendus traits malins dont maître Le Franc cherche à émailler agréablement sa brochure ne sont autre chose que des réminiscences du journal *l'Enfant Terrible* ; mais ce qui est peut-être tolérable dans un journal charivarique, ne saurait être de mise sous la plume d'un grave historien traitant un sujet sérieux, se vantant de posséder ces deux qualités essentielles, l'exactitude et la vérité, et se posant enfin comme historien *critique* par surérogation. Nous n'en finirions jamais s'il nous fallait relever toutes les excentricités pseudo-comiques qui se trouvent parsemées dans la brochure que nous avons sous les yeux. Ce que nous avons dit à cet égard suffit pour faire apprécier l'œuvre que nous analysons.

Examinons maintenant successivement les chapitres qui composent l'œuvre de M. Le Franc.

Il y a onze chapitres, plus un avant-propos et une conclusion.

Nous connaissons l'avant-propos.

I. — *Monseigneur Soulé avant sa nomination à l'Evêché de Saint-Denis.*

Ce premier chapitre nous fait connaître Mgr Soulé avant sa promotion à l'Episcopat. M. l'abbé Soulé était chanoine titulaire du diocèse d'Aire dans les Landes. Il a rempli pendant plusieurs années les fonctions de secrétaire général de l'Evêché. C'est dans cet emploi que le trouva la mort de Mgr Epivent, évêque d'Aire. Lors de la vacance du siége, M. Soulé fut choisi par ses collègues pour être vicaire capitulaire. Mgr Delannoy ayant été transféré à l'évêché d'Aire, le gouvernement français proposa l'évêché de Saint-Denis à M. l'abbé Soulé qui l'accepta. L'auteur de la brochure ajoute que cette acceptation fut faite *sans difficulté*. Il y a dans cette dernière expression une intention mal réussie d'être malin.

L'auteur fait tout simplement dans la circonstance acte de malveillance, sans savoir et sans dire dans quelle disposition d'esprit se trouvait Mgr Soulé, lorsqu'il obéit à l'ordre supérieur de se charger de l'évêché de Saint-Denis. Il faudrait savoir si l'auteur de la brochure qui est, dit-on, un vicaire, ferait beaucoup de difficultés pour accepter une cure importante, voire même un évêché.

Mais M. Le Franc qui veut traiter la question *ab ovo* avec un certain air d'impartialité qui ne trompera personne, croit devoir signaler tout le bien qu'on disait de Mgr Soulé avant sa promotion à l'épiscopat. Il relate à ce propos un passage de la lettre d'adieu de Mgr Delannoy à ses anciens diocésains de Bourbon : « Il a une grande réputation de doctrine et de vertu, dit Mgr Delannoy en parlant de son successeur » et il ajoute ceci : « M. le Ministre en m'annonçant sa nomination, me disait : « administrateur habile, esprit sérieux, orateur distingué, M. l'abbé Soulé a rendu les plus grands services au diocèse d'Aire, et son évêque qui l'aimait et l'appréciait me l'avait signalé en différentes circonstances comme un des prêtres les plus dignes de l'épiscopat. »

L'auteur de la brochure parle encore des lettres particulières écrites par les amis de M. Soulé et transmises à Bourbon par l'intermédiaire des pères du Saint-Esprit, lesquelles lettres publiées par le journal *La Malle* parlaient de la bonté, de la douceur et de toutes les qualités de l'esprit et du cœur qui ornaient la personne du nouvel évêque et en faisaient un homme vraiment remarquable.

Mais voyez ceci, et remarquez l'étrange contradiction ! M. Le Franc qui fait profession d'aimer par dessus tout les pères du Saint-Esprit, qui les défend quand même, qui en fait un éloge continuellement pompeux, n'est pas loin d'insinuer, en commençant sa brochure, qu'ils ont trahi la vérité en louant outre mesure le nouvel évêque que lui, maître Le Franc, va juger impartialement avec la grande autorité qui lui appartient, en sa qualité d'historien et d'historien critique par dessus le marché. Nous allons voir dans les chapitres qui suivent comment l'auteur de la brochure va détruire cette grande réputation de doctrine et de vertu reconnue à Monseigneur Soulé par le Ministre, l'Evêque d'Aire et les révérends pères du Saint-Esprit.

Tout cela sera de la farce, quand M. Le Franc aura eu la bonté de nous faire connaître ses griefs d'historien critique.

II. — Arrivée à Bourbon.

III. — Première visite pastorale.

IV. — Seconde partie de la visite pastorale.

Nous passons rapidement sur les Chapitres 2, 3 et 4 dont nous nous contentons d'indiquer seulement les titres. L'auteur de la brochure, qui prend bien gratuitement le titre d'historien, semble ignorer sans doute que tous les faits de la vie commune ne sont pas des faits historiques dignes d'être conservés dans la mémoire des générations futures. Que l'Evêque soit arrivé à Bourbon, qu'il ait été reçu par son clergé au bout du Pont du Barachois, qu'il ait été conduit sous le dais à la Cathédrale où il a fait un discours fort apprécié par les assistants ; qu'il ait ensuite au bout d'un mois ou deux pensé à faire sa tournée pastorale, que cette tournée ait été divisée en deux parties et faite en deux fois, la première pour la partie du vent, et la seconde pour la partie sous le vent ; qu'il ait été reçu partout avec une respectueuse sympathie par une population essentiellement catholique, tout cela ne nous apprend rien d'extraordinaire, et malgré le parti-pris de tout dénigrer, M. Le Franc en nous racontant ces détails ne nous apprend rien de nouveau, nous n'avons donc pas, de ce chef, de réponse à lui faire. Arrivons à un des points capitaux de l'œuvre, nous voulons parler de l'affaire du Séminaire Collège St.-Charles.

V. Affaire du Collège Saint-Charles Renvoi des Pères du St-Esprit.

Nous abordons ici que ce que l'auteur de la brochure appelle l'acte capital accompli par Monseigneur Soulé dans la première année de son Episcopat.

Disons en commençant, une fois pour toutes, que nous n'avons nullement, en traitant ce sujet délicat, que nous n'avons nullement la pensée d'incriminer en quoi que ce soit la conduite des Revérends Pères du Saint-Esprit, pour lesquels nous professons une vénération profonde. Nous reconnaissons, avec tous les bons esprits de la Colonie, que cette congrégation religieuse a rendu des services réels au pays, et nous déplorons les circonstances malheureuses qui les ont forcés à abandonner des œuvres d'une incontestable utilité : le Pénitencier à l'Ilet-à-Guillaume, l'Hospice des vieillards et l'Ecole professionnelle à la Providence. Qu'on nous permette encore d'ajouter que nos respectueuses sympathies sont depuis longtemps acquises à ces dignes religieux parmi lesquels nous avons eu le bonheur de compter plusieurs amis. Notre profession de foi étant ainsi faite, nous nous sentons parfaitement à l'aise pour dire la vérité à propos de l'affaire du collège Saint-Charles.

Pour bien comprendre la question, il faut reprendre les choses d'un peu haut.

Quand Mgr Soulé arriva dans la Colonie, il trouva le collège Saint-Charles établi à Saint-Denis, dans le vaste établissement autrefois occupé par les Jésuites, et dont Mgr Delannoy avait cru devoir faire l'acquisition.

Mgr Delannoy avait transféré le collège de St-Paul à Saint Denis, et en avait confié la direction aux Pères du Saint-Esprit qui remplaçaient les Lazaristes.

Mgr Maupoint, prédécesseur de Mgr Delannoy avait établi les Lazaristes à Saint-Paul dans un immeuble qui ne coûtait rien, et qui avait été mis à la disposition de l'évêché par madame Jurien; son successeur renvoie les Lazaristes et transporte le collège à Saint-Denis dans un établissement qui coûte fort cher. On ne dit rien : c'était le droit de l'évêque qui n'était pas lié par ce qu'avait fait son prédécesseur. Mais puisqu'on n'avait pas réclamé contre le congé donné aux Lazaristes par Mgr Delannoy, pourquoi jeter les hauts cris quand Mgr Soulé croit devoir, à son tour, renvoyer les Pères du Saint-Esprit? — Et nous verrons dans un moment qu'il ne les a pas renvoyés; mais que ce sont les Pères qui, d'eux-mêmes, ont quitté le collège malgré les prières et contre les ordres de l'évêque.

Quoi qu'il en soit, les Pères du Saint-Esprit avaient été établis à Saint-Denis par Mgr Delannoy qui leur avait confié le collège Saint-Charles. Ils étaient logés, nourris, blanchis, éclairés, avaient droit aux domestiques et aux frais médicaux : ils étaient defrayés de tout et touchaient en outre deux mille francs par an pour chaque père. L'auteur de la brochure prétend que pour des religieux qui ont fait vœu de pauvreté, *ce n'était pas exorbitant.* Qui veut trop prouver ne prouve rien. Il y a beaucoup de prêtres séculiers qui n'ont que deux mille francs pour faire face à tous leurs besoins, y compris les aumônes que leur position les oblige de faire. Il y a beaucoup d'instituteurs laïques chargés de famille qui se contentent de moins

Les Pères étaient en bénéfice, et on nous a assuré qu'ils faisaient parvenir tous les ans à leur maison-mère une somme assez ronde provenant de leurs économies. Oui ! mais l'Evêché était en déficit, et Mgr Soulé comprit bientôt qu'il ne pouvait faire face à des conditions impossibles à tenir. Sans compter en outre que l'avenir était menaçant pour les finances du diocèse. On parlait de supprimer les six titres, soit douze mille francs qui servaient à payer des prêtres pour le collége. Il était aussi question de supprimer la subvention de douze mille francs allouée par la métropole pour le petit séminaire de l Evêque de Saint-Denis. Ces deux menaces ont été réalisées.

En continuant sur les errements du passé, Mgr Soulé voyait la caisse du Diocèse marcher rapidement à la banqueroute. Il fallait s'arrêter.

Mais, dira-t-on, Mgr Delannoy avait trouvé le moyen de marcher et de faire face à tous les besoins de la position ! — Sans doute. Mais il faut remarquer qu'il n'était pas encore question sous l'administration du prédécesseur de Mgr Soulé, de supprimer ses six titres et la subvention métropolitaine dont nous avons parlé plus haut. Ensuite Mgr Delannoy avait des ressources exceptionnelles dans lesquelles il croyait devoir puiser pour combler les déficits annuels du Collège. C'était le legs de Mgr Maupoint.

Tout le monde sait que Mgr Maupoint a laissé par testament au Diocèse de Saint-Denis une somme de cent mille francs destinée à la fondation et à l'entretien d'un grand Séminaire à Bourbon. — Nous disons un grand séminaire et non pas un petit séminaire ou un séminaire collège, ce qui est bien différent. — Mgr. Delannoy comptant sur des ressources particulières, et sur une plantation de vanille qu'on lui avait donné l'idée de faire dans le vaste terrain situé derrière le bâtiment du collège, avait cru devoir sans inconvénient détourner provisoirement de leur affectation spéciale des sommes provenant du legs de Mgr Maupoint : il parvint par ce moyen à combler le déficit du Collège. Mais Mgr Soulé ne pouvait pas, sans méconnaître en conscience la volonté du testateur, continuer sur de semblables errements : les ressources particulières sur lesquelles on comptait faisaient défaut, la récolte de vanille était devenue une chimère et ne suffisait pas à payer les frais de culture. Il fallait s'arrêter.

C'est alors que Mgr Soulé proposa aux Pères du Saint-Esprit une transaction jugée parfaitement acceptable par les membres les plus autorisés du clergé. Après leur avoir expliqué les difficultés de la position, l'évêque dit aux Pères : Voyez ! Le Diocèse manque de ressources ; mais pour moi on peut s'arranger avec un peu de bonne volonté de votre part. Les rétributions collégiales peuvent faire face aux frais matériels de l'établissement. Prenez le Collège à votre compte, je vous donne tout. En commençant, vous n'aurez peut-être pas intégralement vos appointements de deux mille francs convenus avec Mgr Delannoy; mais la position peut s'améliorer, le Collège est en voie de prospérité. Acceptez cette proposition et vous aurez rendu un grand service au pays. La proposition fut refusée. Les Pères déclarèrent qu'ils allaient partir.

C'est alors que des bruits circulèrent à propos du Collège Saint-Charles et ces bruits vinrent alarmer les familles. L'Evêque crut devoir les faire cesser en faisant imprimer, dans le journal la *Malle*, le communiqué suivant qui est rapporté dans la brochure :

« Diverses rumeurs contradictoires circulent au sujet du Séminaire-Collège de Saint-Charles, et l'opinion s'en est émue. Il importe d'exposer la vérité de la situation. La question qui est agitée à ce sujet est purement financière, et ne peut le moins du monde mettre en jeu l'avenir d'un établissement si utile à la Colonie. L'administration diocésaine ne pouvant faire face à des conditions impossibles à tenir, a fait des propositions que les membres les plus autorisés du clergé ont jugées parfaitement acceptables ; mais quelle que soit l'issue des négociations, ce qu'il y a de certain c'est que les cours du Séminaire-Collège Saint-Charles ne subiront pas une minute d'interruption. Les garanties d'avenir et de succès ne sont en rien compromises. »

Comme nous l'avons dit plus haut, la première proposition dont nous avons parlé fut refusée par les Pères du Saint-Esprit. L'évêque leur en fit une nouvelle, c'était celle de réduire leurs appointements de 50 % et d'attendre le résultat de nouvelles négociations qu'il se proposait d'ouvrir directement avec le supérieur général de la congrégation, résidant à Paris. Nouveau refus de la part des Pères qui déclaraient qu'ils étaient décidés à partir.

Alors il y eut un triste et regrettable malentendu de la part de certains pères de famille, qui crurent devoir faire de respectueuses remontrances à l'Evêque. Monseigneur Soulé ne pouvait rien modifier à ses propositions ; mais pour éviter le départ des Pères il écrivit trois lettres pour prier, pour supplier et enfin pour ordonner. Les Pères ont reçu ces lettres et ils partirent ! Voilà la vérité, la vérité vraie que l'auteur de la brochure a singulièrement méconnue en affirmant que les Pères avaient proposé d'accepter une réduction d'appointements de 50 °/₀, et qu'ils avaient été renvoyés par l'Evêque. Rien n'est plus faux que cela. Pour s'en convaincre il suffit de lire la lettre de Monseigneur Soulé au Conseil général et la correspondance du Révérend Père Corbet avec l'Evêché, laquelle correspondance n'a pas pu être faite pour les besoins de la cause.

Pour terminer sur ce chapitre, nous répondrons à quelques passages particuliers de la brochure de M. Le Franc. Nous y trouvons ce qui suit :

« Mais lorsqu'on renvoie un domestique, un employé, c'est une justice élémentaire que de lui payer ses gages, et on ne pouvait pas supposer que Mgr Soulé en agirait autrement à l'égard des pères du Saint-Esprit. Eh bien ! il les a renvoyés sans leur payer une trentaine de mille francs qui leur sont dus. »

Sans nous arrêter à ce qu'il y a d'inconvenant à considérer les R. P. du Saint-Esprit comme des domestiques ou des employés, nous nous permettrons de continuer la comparaison pour répondre à M. Le Franc à qui nous dirons : Oui ! Quand on renvoie un domestique ou un employé c'est une justice élémentaire de lui payer ses gages : mais c'est une justice élémentaire aussi de lui faire payer et de retenir sur ses gages les verres et les assiettes qu'il a cassés ou qu'il a fait perdre par sa faute. Or les Pères du Saint-Esprit en quittant brusquement le Collège, malgré les prières et malgré les ordres de l'Evêque, ont porté à cet établissement d'instruction publique un grave dommage dont l'importance doit être estimée peut-être à plus de trente mille francs. C'est ce que le Supérieur Général de la Congrégation du Saint-Esprit a probablement compris, car si nous sommes bien informé, nous avons entendu dire qu'il y avait eu transaction à cet égard, et d'ailleurs, il ne paraît nulle part que les Pères du Saint-Esprit aient actionné l'Administration du diocèse en paiement pour ce qui pourrait leur être dû. M. Le Franc nous paraît évidemment sans mandat pour faire une semblable réclamation. En prenant mal à propos, et intempestivement la défense des Pères du Saint-Esprit, M. Le Franc n'aurait-il pas l'intention de faire soupçonner que ces révérends pères ne sont pas étrangers à la publication de sa brochure ? Cette supposition serait une injure pour les Pères du Saint-Esprit, et pour notre compte nous n'hésiterions pas à la repousser avec indignation.

M. Le Franc ajoute :

« Et cependant, si Monseigneur Soulé est aujourd'hui évêque de Saint-Denis, c'est en grande partie grâce à la congrégation du Saint-Esprit. Qui ignore, en effet, que c'est le vénérable père Libermann qui a demandé et obtenu la création des évêchés coloniaux ?— *Sic vos, non vobis..»*

Voilà un raisonnement qui dépasse réellement les bornes de la plaisanterie permise ! — En persistant dans cette singulière façon de raisonner, on peut arriver à des choses bien remarquables dans le genre comique et bouffon. Ainsi, on peut dire avec la même logique que si Monsieur Cuinier a été nommé Gouverneur de Bourbon, c'est grâce à Don Pedro de Mascarenhas ; car il est certain que si l'amiral Portugais n'avait pas découvert notre île en 1513, nous n'aurions pas besoin de gouverneur aujourd'hui !

Vraiment, M. Le Franc, votre façon d'expliquer les choses laisse beaucoup à désirer, et il est impossible d'ajouter foi à ce que vous dites. Si vous êtes un triste littérateur et un pitoyable logicien, vous devez être aussi un mauvais prophète, et cette pensée nous console quand vous nous annoncez la fin prochaine du Collège Saint-Charles. Les raisons que vous donnez en faveur de votre opinion ne nous paraissent nullement concluantes. Vous déplorez le départ du Révérend Père Corbet, nous le regrettons aussi ; mais pour rendre justice à un homme distingué il ne faut pas nier le mérite des autres : Non, l'Abbé Duperrier qui a passé sa vie dans l'enseignement n'est nullement déplacé à la tête du Collège Saint-Charles, c'est une vérité sur laquelle tout le monde est d'accord. Si comme vous nous l'apprenez, le *judicieux* Rollin dit qu'il faut certaines qualités indispensables dans les professeurs, qualités qui sont au nombre de trois, savoir : la vocation, la science et la méthode, pourquoi supposez-vous que ces qualités ne peuvent être remplies par les prêtres qui sont appelés à diriger le Collège, et par les professeurs laïques parfaitement connus dans l'Instruction Publique, et dont l'Evêque de Saint-Denis s'est procuré le précieux concours ? Nous vous l'avons déjà dit plus haut, vos éloges maladroits sont de nature à compromettre ceux à qui ils s'adressent. Que signifie, en vérité, cette prétendue histoire de jeunes gens qui se proposaient de s'atteler à la voiture du Père Corbet, quand celui-ci s'est embarqué pour quitter la Colonie ? Cette exhibition carnavalesque n'a pas eu lieu, nous en félicitons l'ancien Directeur de Saint Charles, comme nous le félicitons aussi d'avoir accepté avec respect et soumission les mesures que l'Evêque a cru devoir prendre, à regret, contre lui, et qui n'étaient que la conséquence du conflit regrettable sur lequel nous nous sommes étendu plus haut.

Passons maintenant à l'affaire de Mafatte.

VI. — *Affaire de Mafatte.*

Nous arrivons au point le plus délicat de notre travail. En effet nous craignons ici de rencontrer à chaque pas ce que nous ne cherchons pas, et ce que nous ne voulons pas trouver. Ce morceau écrit sur Mafatte ne peut pas émaner de la plume du premier venu et peut nous montrer à chaque pas un coin de l'oreille de l'auteur caché de la brochure que nous analysons. Il faut avoir vécu sur les lieux pour avoir écrit ces lignes, pour faire ces descriptions spéciales, pour connaître ces renseignements intimes, ou il faut les avoir recueillis de la bouche même des ayant cause.

Voyez cette peinture du village de Mafatte, localité pittoresque assise dans les hauts de la Rivière des Galets, entre le Piton des Neiges, le Grand Bénard et le Cimandef ! Ah ! que celui qui a écrit ce passage connaissait bien la localité ! Et quelle admiration il professe pour M. l'abbé Jean de Belly, curé de l'endroit qui occupait ce poste, *vraiment de mérite*, à ce que dit l'auteur ! — A quoi s'applique cette qualification *vraiment de mérite ?* — Est-ce au poste ou à M. l'abbé Jean de Belly ? — Sans doute au poste et à l'abbé. Car après avoir fait la description pompeuse des lieux, l'auteur de la brochure fait un éloge magnifique de l'abbé. Il raconte comme quoi cet ecclésiastique s'est dévoué avec une générosité sans pareille en faveur d'un peuple déshérité, abandonné de l'administration municipale et de la haute Administration du pays. Puis voici venir toute l'histoire du procès de M. Milhet contre M. l'abbé Jean de Belly, procès qui est encore pendant devant la Cour d'Appel et que la publication de la brochure de M. Le Franc, propagée par qui l'on sait, ne contribuera pas peu à couvrir d'un jour nouveau. Nous devons nous arrêter ici, tant que la justice n'aura pas dit son dernier mot.

Cependant, il nous est impossible de passer sous silence une attaque dirigée dans ce passage de la brochure contre le frère de Monseigneur Soulé que personne n'avait le droit de mettre en cause dans cette affaire. L'auteur, qui blâme l'Evêque de n'avoir pas épousé aveuglement la cause de l'abbé Jean de Belly contre M. le Maire de Saint-Paul ne craint pas de parler de népotisme du clergé parce que le frère de Mgr Soulé, ancien capitaine des Douanes en retraite, ancien employé des eaux-et-forêts en Cochinchine, aurait été nommé dans un poste quelconque et hors cadre dans le service des Douanes à Saint-Pierre, position si peu enviable que le frère de Monseigneur Soulé ne l'a pas même acceptée après sa nomination, ayant mieux aimé un emploi dans la société civile du port et du chemin de fer, ce qui prouve bien que si l'Evêque a usé de son influence en faveur d'un des siens, ce qui n'est point, il n'a pas trop exigé de la bienveillance de l'Administration supérieure de Bourbon.

VII.— *Mort de Pie IX. – Circulaire de l'Evêque – La Presse coloniale.*

Nous signalons ce chapitre seulement dans le but d'être complet dans notre réfutation. L'auteur reproche à Mgr Soulé d'avoir, à l'occasio de la mort du souverain pontife, publié une circulaire un peu trop ultramontaine. Cela a soulevé les réclamations de la Presse républicaine et radicale de la Colonie. Dans un autre endroit de son travail, M. Le Franc reproche à l'Evêque de Saint-Denis d'accepter trop facilement les idées du libéralisme moderne condamné par la Cour de Rome : arrangez-moi tout cela si vous le pouvez. Quant à nous, nous ne prenons certainement pas l'engagement de concilier les contradictions perpétuelles de l'auteur de la brochure dont nous nous occupons.

VIII. — *Changement dans le Clergé.*

L'auteur de la brochure pose ce principe que

les changements fréquents des fonctionnaires sont toujours préjudiciables au service dans l'ordre civil et à plus forte raison dans l'ordre religieux. Cela peut être vrai d'une manière générale. En France, les curés de canton sont inamovibles. et nommés par le pouvoir civil sur une liste de trois candidats fournie par l'Evêque. Il n'en est pas de même dans la Colonie à cause de l'éloignement des lieux et les curés sont nommés chez nous par l'Evêque seul qui peut leur faire changer de domicile selon les besoins du service. Ainsi le veut la loi constitutive des évêchés coloniaux. Cela déplaît à M. Le Franc qui a toujours fort à cœur le changement successif des deux curés de Mafatte, auxquels, il faut bien le dire, il paraît être attaché d'une façon toute particulière.

Mais la loi est la loi, et en attendant que M. Le Franc la fasse changer, les évêques coloniaux resteront en possession de changer les curés et les vicaires de leurs diocèses, quand ils le jugeront convenable aux besoins du service religieux qui leur est confié. Il est bon aussi que M. Le Franc sache une chose, c'est qu'il est de règle dans les diocèses de la métropole que le titulaire d'un titre quelconque, vicaire ou curé, paye à la chancellerie de l'Evêque une modique somme pour les frais du diplôme qui lui est délivré : cela se fait partout, dans les facultés de médecine et de droit, aussi bien que dans les chancelleries des évêchés. Du reste la somme à payer est insignifiante dans ce dernier cas, il s'agit de dix ou quinze francs ! Si M. Le Franc avait connu ce détail, il n'aurait pas commis la faute d'écrire dans son chapitre VIII la phrase inconvenante que voici : « Nous ne devons pas omettre de dire qu'avant d'opérer ces déplacements, Mgr Soulé a fait une innovation, inconnue jusqu'alors (c'est tout-à-fait inexact) c'est de se faire payer une certaine somme d'argent par les prêtres déplacés, pour les feuilles de pouvoir qui leur sont données : *c'est un moyen comme un autre de faire de l'argent.* »

Ce dernier membre de phrase se passe de commentaire, et, par politesse, nous nous abstenons de le qualifier.

Passons au neuvième chapitre.

IX. — *Centenaire de l'Eglise de Saint-Paul.*

Le 29 juin 1878 avait lieu le centième anniversaire de la construction de l'Eglise de Saint-Paul, la première église de la Colonie qui ait atteint cent ans d'existence. Evidemment il y eut à Saint-Paul une grande fête à l'occasion de cet anniversaire, et l'Evêque devait y assister tout naturellement : c'est ce que Mgr Soulé ne manqua pas de faire : il officia pontificalement. M. Le Franc consacre un chapitre à cette solennité. Mais de quoi s'occupe-t-il dans ce chapitre ? — De la fête religieuse, il n'en a cure. Ce qui lui tient au cœur, c'est l'affaire de Mafatte et le différend existant entre l'abbé Jean de Belly et le Maire de Saint-Paul. M. Le Franc ne peut pas pardonner à Mgr Soulé de n'avoir pas épousé la querelle de l'abbé Jean de Belly contre M, Milhet. Sa Grandeur a accepté d'assister à un dîner officiel offert par le maire à l'occasion du centenaire. M. Le Franc trouve que c'est inconvenant et que le Pape Saint-Gélase défend aux évêques d'accepter des dîners dans leurs visites. Il est certain que si le pape Saint-Gélase a dit cela, il faut le croire, mais il paraît que cette prescription est tombée en désuétude depuis fort longtemps. D'abord St-Gélase a-t-il prévu le cas spécial de St-Paul ? Il est permis d'en douter ; mais il y a une chose qui ne fait pas de doute, c'est que si M. Milhet avait été un des amis de M. Jean de Belly, la brochure n'aurait pas relevé ce fait. Oh ! M. Le Franc ne devrait pas être si maladroit que cela !

X.— *Lettre au Conseil général.*

Tout le monde connaît la lettre que Monseigneur Soulé a adressée au Conseil général pour demander la subvention de 4,000 fr. qui a été votée pour le Collège Saint-Charles. M. Le Franc trouve que cette lettre n'est pas *digne* d'un évêque, et qu'elle contient en outre, pour plus de 4,000 fr. d'encens et de flatterie. Pour répondre à cette impertinence nous n'avons qu'à publier textuellement la lettre dont il s'agit :

EXTRAIT du procès-verbal de la séance du jeudi 5 septembre 1878.

Demande de Mgr l'Evêque de Saint-Denis relative à l'allocation de fr. 4,000 pour bourses au petit séminaire collège de Saint-Charles.

« Saint-Denis, le 8 juillet 1878.

« Messieurs les Conseillers généraux,

« L'Evêque de Saint-Denis a l'honneur de venir aujourd'hui solliciter auprès de vous la réinscription, au budget des dépenses facultatives coloniales, de l'allocation de quatre mille francs pour l'œuvre des boursiers du petit séminaire collège Saint-Charles — somme que le Conseil général a votée durant plusieurs années en faveur de cet Etablissement.

« Notre demande a attendu, pour se produire,

l'heure qui nous semble opportune : les finances de la Colonie administrées avec sagesse sont maintenant prospères comme l'attestent divers rapports autorisés ; l'esprit dont vous vous glorifiez d'animer vos délibérations est un esprit de justice et de généreux libéralisme. Et d'autre part, les préoccupations et les inquiétudes qui se sont manifestées au sein de la population créole au sujet du départ des Pères du Saint-Esprit, directeurs du petit séminaire Saint-Charles, ont affirmé une fois de plus la nécessité de maintenir à tout prix cet Etablissement ecclésiastique d'instruction secondaire ; si bien qu'en venant recourir à vous aujourd'hui je ne fais qu'obéir à la pression de ce peuple que nous voulons servir parce que c'est notre devoir et parce que nous l'aimons.

« Veuillez bien considérer, je vous prie, Messieurs, que l'Etablissement Saint-Charles n'est pas seulement un petit séminaire : s'il ne présentait que ce caractère, la population ne se serait pas tant émue, quand son existence lui a paru un instant menacée ; et nous, d'autre part, nous verrions moins de raison à demander à ce titre un secours en sa faveur, la Métropole s'étant chargée de le subventionner annuellement elle-même ; subvention modeste sans doute (12,000 francs) mais calculée sur le petit nombre présumé des aspirants au Sacerdoce dans la Colonie. Saint-Charles n'est donc pas seulement un séminaire ; c'est en outre un collége.

« Il a été amené à revêtir ce caractère ; d'abord par le droit fondamental attribué aux Evêques des colonies dans l'acte constitutif des Evêchés, d'ouvrir à leur gré des écoles secondaires ecclésiastiques dans la Colonie. Il a été amené surtout par les vœux, souvent manifestés d'un grand nombre de familles créoles, qui préoccupées plus que d'autre du côté religieux dans l'éducation de leurs enfants, ont supplié dès 1851 l'Evêque de Saint-Denis de vouloir bien se charger de cette éducation. Nous pourrions mettre ici sous vos yeux une lettre ministérielle qui constatait déjà, à la date du 20 mars 1852, la puissance et la légitimité de ces vœux. L'élément religieux n'est certes point banni de l'Etablissement officiel, le Lycée. Nous nous plaisons au contraire à reconnaître qu'il y est établi par le règlement et honoré sous sa sauvegarde. Toutefois, depuis la fondation des Evêchés coloniaux, il n'est pas moins vrai de dire que les préférences, respectables assurément d'un grand nombre de pères de famille pour l'enseignement secondaire ecclésiastique, ne se sont point démenties ; car sans parler de tant jeunes gens et d'hommes faits, armés déjà pour le service du Pays, et qui ne sont redevables de l'insigne bienfait d'une instruction solide et variée qu'à nos maîtres ecclésiastiques des anciens colléges de Saint-Benoit, de Saint-Paul et de Saint-Denis, le collége Saint-Charles ne comptait pas moins de deux cents élèves au commencement de la présente année, la moitié presque de la jeunesse élevée au Lycée à cette même date.

« Une œuvre qui se recommande à tous par un caractère si marqué d'utilité publique et de haute bienfaisance n'est-elle pas digne du sympathique concours des honorables dispensateurs des finances publiques ?

« Dira-t-on aujourd'hui que Saint-Charles est loin de posséder le chiffre de 200 élèves qu'il avait en janvier 1878 ? Mais est-il personne qui soit encore à apprendre la cause exceptionnelle et par conséquent transitoire de cette diminution ? Nul n'ignore, en effet, cette triste et bruyante désertion dont s'est rendu coupable le personnel qui avait reçu à sa charge la direction de la maison, et qui malgré nos prières et nos ordres, en pleine année scolaire, l'a brusquement abandonnée ? Quel établissement public pourrait subir impunément de pareilles secousses, aurait-il pour s'appuyer des ressources aussi larges que les nôtres le sont peu ? Et néanmoins, nous avons encore le bonheur de continuer nos soins et le dévouement de nos prêtres à 130 enfants et jeunes gens, issus de la patrie créole, et qui sont appelés à y entrer avec les éléments de bien que nous aurons mis entre leurs mains. Cent trente élèves ; c'est peu sans doute ! Toutefois, c'est encore le quart du personnel actuel du Lycée, accru des pertes transitoires de Saint-Charles.

« Nous avons donc la profonde confiance que l'honorable Conseil, qui s'est toujours montré si noblement généreux pour l'Instruction publique dans la Colonie, ne sera pas sans entrailles pour ces chefs de famille, ces contribuables qui, dans la liberté légitime de leurs droits, continuent à venir demander à St-Charles l'instruction et l'éducation pour leurs enfants.

« En secondant leurs vœux, le Conseil ne fera d'ailleurs que renouer le fil de ses généreuses traditions subitement interrompues, il y a 4 ans, pour des motifs qui, je m'empresse de le dire à sa louange, n'étaient nullement des motifs de fond. Le procès-verbal de ses délibérations (séance du 22 février 1873) est là pour l'attester.

« Loin de nous, du reste, la pensée qu'il pût se trouver au sein du Conseil un seul membre qui, dans un sentiment d'exclusivisme anti-libéral, croirait devoir repousser pour les familles le bienfait de l'éducation puisée librement à St-Charles, en s'autorisant du caractère non laïque de ceux qui l'y donnent. Ce serait là, ce me semble, Messieurs, comprendre peu l'esprit libéral qui tend à dominer le monde de nos jours, moins encore l'esprit qui doit être l'âme des institutions qui nous régissent.

« Pour tous ces motifs, nous mettons avec confiance sous la garde des hauts sentiments du Conseil la demande de l'allocation ancienne des 4,000 francs accordés annuellement par lui jusqu'en 1873. Et l'Evêque de Saint-Denis ne pense pas pouvoir mieux résumer les motifs de la présente requête qu'en reproduisant ici le ferme et beau témoignage de l'honorable Directeur de l'intérieur M. Laugier :

« L'allocation demandée, écrivait-il en février 1873,
« est utile ; elle est nécessaire.... Elle est, en outre,
« conforme aux principes libéraux du régime ac-
« tuel. »

« Veuillez agréer, Messieurs les Conseillers généraux, l'hommage de ma haute considération. »

CLÉMENT, Evêque de Saint-Denis.

Le public peut maintenant apprécier la valeur des critiques de M. Le Franc. Il s'agit de savoir tout simplement si l'évêque qui venait demander une faveur aux membres de la représentation coloniale devait le faire sans politesse et brutalement, probablement parce que M. Milhet fait partie du Conseil général, et qu'il a porté une plainte contre M. Jean de Belly.

Quant à l'accusation que cette lettre contient contre les Pères du Saint-Esprit, nous nous sommes déjà longuement expliqué sur ce point. Pour ce qui concerne le reproche de libéralisme adressé à l'évêque de Saint-Denis pour mettre sa Grandeur en opposition avec les Saint-Père Pie IX, nous demandons comment il se fait que Monseigneur Soulé mérite ce reproche quand dans le chapitre 7 dont nous avons parlé plus haut, M. Le Franc le blâme de s'être montré trop ultramontain à l'occasion de la circulaire relative à la mort du même Pie IX. Mais en vérité nous n'aurions jamais fini s'il nous fallait relever toutes les contradictions qu'on peut reprocher à l'auteur de la brochure.

XI. — *Faits divers.*

Parmi les faits divers qui terminent la brochure de M. Le Franc, nous avons déjà parlé de la triste affaire qui a motivé le renvoi en France du successeur de l'abbé Jean de Belly à la cure de Mafatte. Nous n'y reviendrons pas : seulement puisque M. Le Franc y tient absolument, puisqu'il crie à l'injustice, nous lui apprendrons à lui, qui nous fait savoir que des jeunes gens sans importance avaient préparé une manifestation en faveur de M. Corbet, le jour de son départ, nous lui ferons savoir, qu'une autre manifestation d'un genre beaucoup moins agréable se préparait par des hommes sérieux contre ce curé de Mafatte le jour de son départ, et la manifestation n'a pas eu lieu, heureusement pour tout le monde, parce que le curé a eu la prudence de s'embarquer trois ou quatre heures avant le départ réglementaire des passagers.

Ajoutons un dernier mot au sujet de M. Bergognon que M. Le Franc représente encore comme une victime de Monseigneur Soulé.

M. Bergognon a été relevé de sa cure du Bernica par Monseigneur Delannoy et non pas par Monseigneur Soulé ; seulement les faits qui étaient reprochés à ce prêtre ne paraissaient pas suffisamment prouvés à l'Evêque actuel de Saint-Denis. Il se proposait donc de lui donner une autre cure, mais il est faux de dire que Monseigneur Soulé ait promis à M. l'abbé Bergognon de le rétablir dans la cure du Bernica ; c'eût été porter ainsi un blâme injurieux contre Monseigneur de Delannoy et M. Le Franc lui-même qui reproche à Monseigneur Soulé de n'avoir pas pris une pareille décision, ne s'est pas fait faute de dire, dans un chapitre précédent, que le dernier évêque de Saint-Denis avait manqué d'égard vis-à-vis de son prédécesseur, dans une circonstance où les convenances ont été cependant parfaitement gardées. Encore une contradiction de M. Le Franc.

CONCLUSION.

Un dernier mot à propos de la brochure de M. Le Franc. Cette conclusion est tout simplement un jugement ridiculement Magistral que l'auteur de la brochure se permet de porter sur l'Evêque de Saint-Denis.

Il blâme le journal *La Malle* des éloges exagérés, selon lui, qui sont donnés par cet organe de publicité à Mgr Soulé, cependant il a la bonté de reconnaître que « Mgr Soulé porte bien et facilement la parole, et que quelquefois il est même éloquent. »

Voyez-vous cela ! Mais selon M. Le Franc Mgr Soulé a un grand défaut, c'est d'être nouveau venu dans le pays et de vouloir « agir contrairement aux lois du simple bon sens, sans conseil. » — Probablement sa Grandeur devrait tout faire d'après les conseils de M. Le Franc. Est-ce assez ridicule ? Est-ce assez impertinent ?

A cela nous n'avons qu'un mot à répondre à M. Le Franc, et nous lui dirons :

Mais qui donc êtes-vous, Monsieur, pour parler de la sorte ? Nous vous connaissons par votre œuvre, et vous n'avez aucune autorité ni aucune compétence pour parler en ces matières. Votre jugement, Monsieur, le public l'écoute en haussant les épaules, et le reçoit comme il a reçu votre brochure, que tous les honnêtes gens repoussent du pied.

HECTOR DU PONT.

TYP. TH. DROUHET FILS, SAINT-DENIS.

www.ingramcontent.com/pod-product-compliance
Lightning Source LLC
LaVergne TN
LVHW050505160826
845677LV00003B/960

9782329657752